AF167902

Impressum
Verlag: BABADADA GmbH, Nedderfeld 112 , 22529 Hamburg
Geschäftsführer / Verlagsleitung: Harald Hof
Druck: Books on Demand GmbH, In de Tarpen 42, 22848 Norderstedt

Imprint
Publisher: BABADADA GmbH, Nedderfeld 112 , 22529 Hamburg, Germany
Managing Director / Publishing direction: Harald Hof
Print: Books on Demand GmbH, In de Tarpen 42, 22848 Norderstedt

škola

yachay wasi

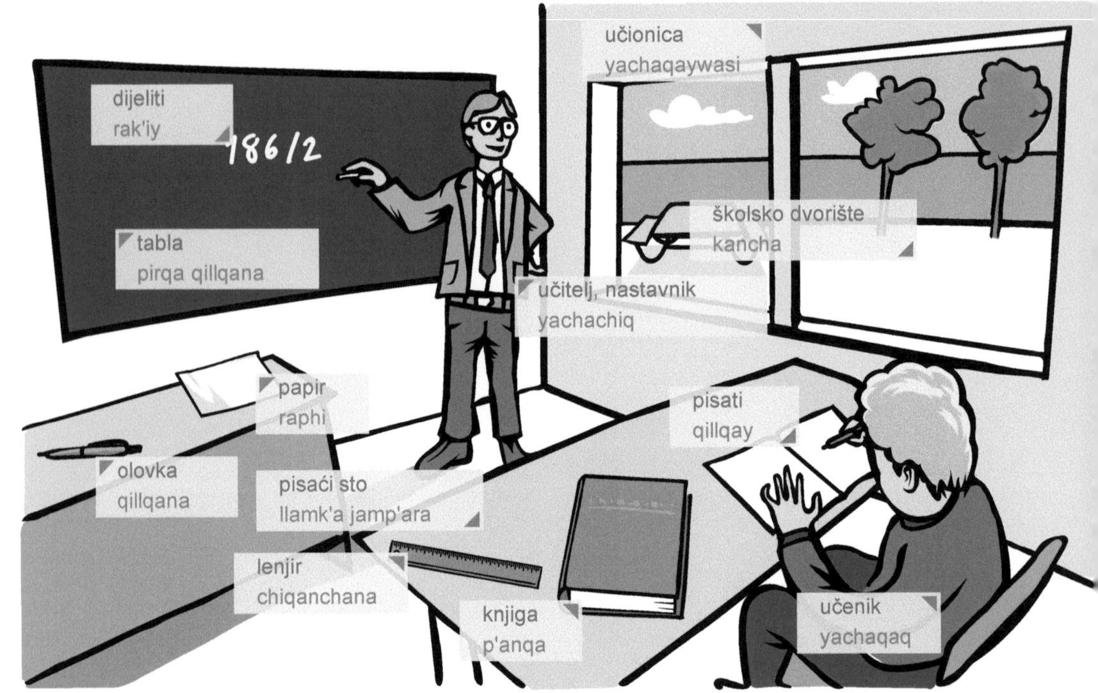
učionica
yachaqaywasi
dijeliti
rak'iy
186/2
tabla
pirqa qillqana
školsko dvorište
kancha
učitelj, nastavnik
yachachiq
papir
raphi
pisati
qillqay
olovka
qillqana
pisaći sto
llamk'a jamp'ara
lenjir
chiqanchana
knjiga
p'anqa
učenik
yachaqaq

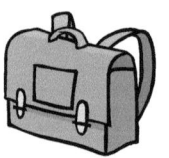

torba

wayaqa

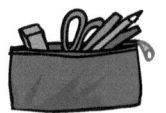

pernica

p'uktaki llimp'i qillqana

drvena olovka

yana qillqana

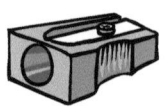

šiljalo za olovke

ñawch'ina

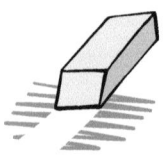

gumica

qillqakhituna

blok za crtanje

qillqana p'anqa siq'inapaq

crtež
siq'i

kist
chukcha llimp'ina

kutija s bojama
p'uktaki llimp'ikuna

makaze
k'utuna

ljepilo
k'akachana

vježbanka
qillqana p'anqa ruwanakuna

domaća zadaća
kamachinakuna

broj
yupay

sabirati
yapay

oduzimati
qhichuqay

množiti
mirachay

računati
yupanchay

slovo
sanampa

abeceda
sanampakuna

hello

riječ
simi rimay

tekst

qillqa

čitati

ñawiriy

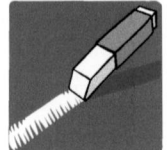

kreda

iskuna

sat

yachachina

školski dnevnik

qillqana p'anqacha

ispit

chaninchana

svjedočanstvo

certificaru

školska uniforma

uniforme

izobrazba

yachay

leksikon

jatun simi pirwa

univerzitet

Jatun yachaywasi

mikroskop

microscopio

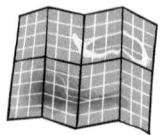

karta

saywa siq'i

korpa za papir

raphi chuqana

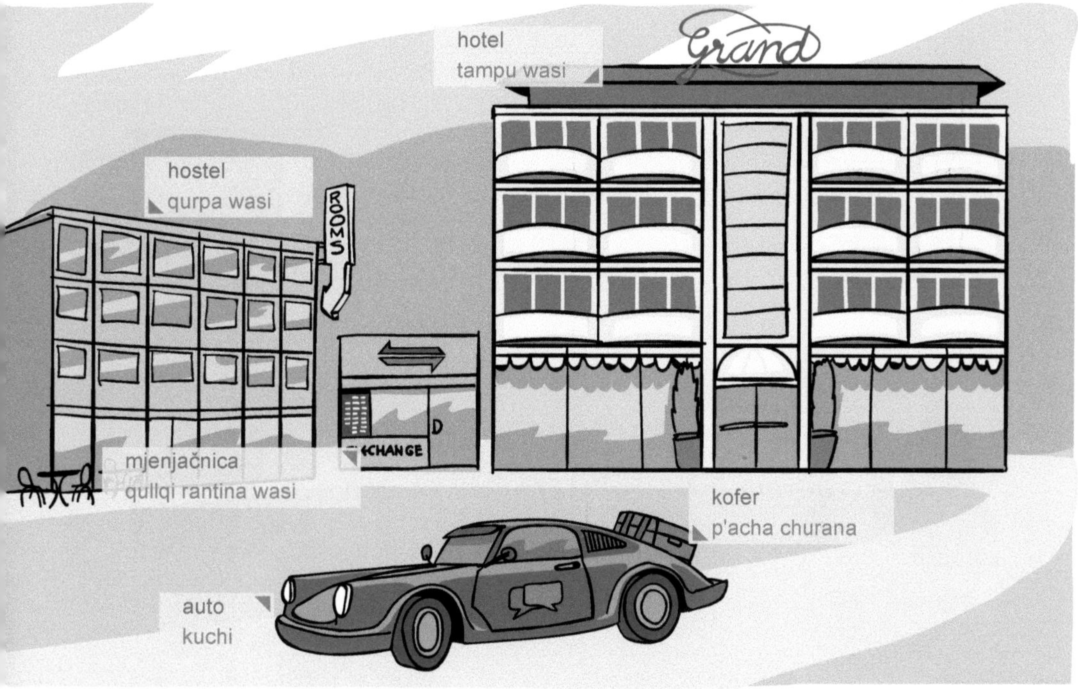

hotel
tampu wasi
Grand
hostel
qurpa wasi
ROOMS
mjenjačnica
qullqi rantina wasi
CHANGE
kofer
p'acha churana
auto
kuchi

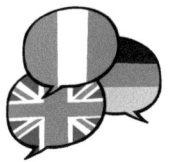

jezik

simi

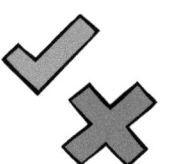

da / ne

ari / mana

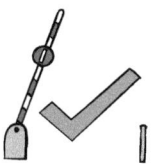

okej

ari

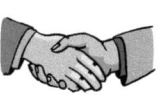

zdravo

Imaynalla

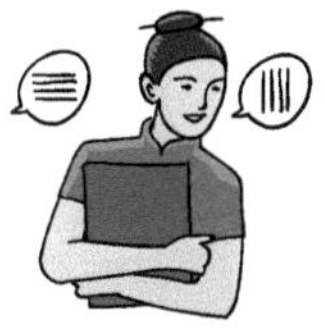

tumač

tikraq

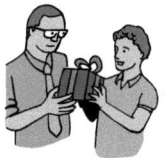

hvala

Pachi

Koliko košta...?

¡Machkhataq?

Ne razumijem

Mana yachanichu

problem

ch'ampay

dobro veče!

¡Allin tuta!

Dobro jutro!

¡Allin P'unchaw!

Laku noć!

¡Allin tuta!

doviđenja

tinkunakama

smjer

pusachay wasi

prtljag

q'ipi

torba

wayaqa

ruksak

wasa wayaqa

gost

jamuynisqa

soba

wasi

vreća za spavanje

puñunapaq wayaqa

šator

tienda

turističke informacije

turismu willakuy

plaža

quchapata

kreditna kartica

tarjita kriditumanta

doručak

paqarin mikhuy

ručak

chawpi p'unchaw mikhuy

večera

tuta mikhuy

putna karta

qullqi

lift

makina wicharinapaq

poštanska markica

unanchana

granica

saywa

carina

adwana

ambasada

imwajada

viza

visa

pasoš

pasapurti

transport
astana

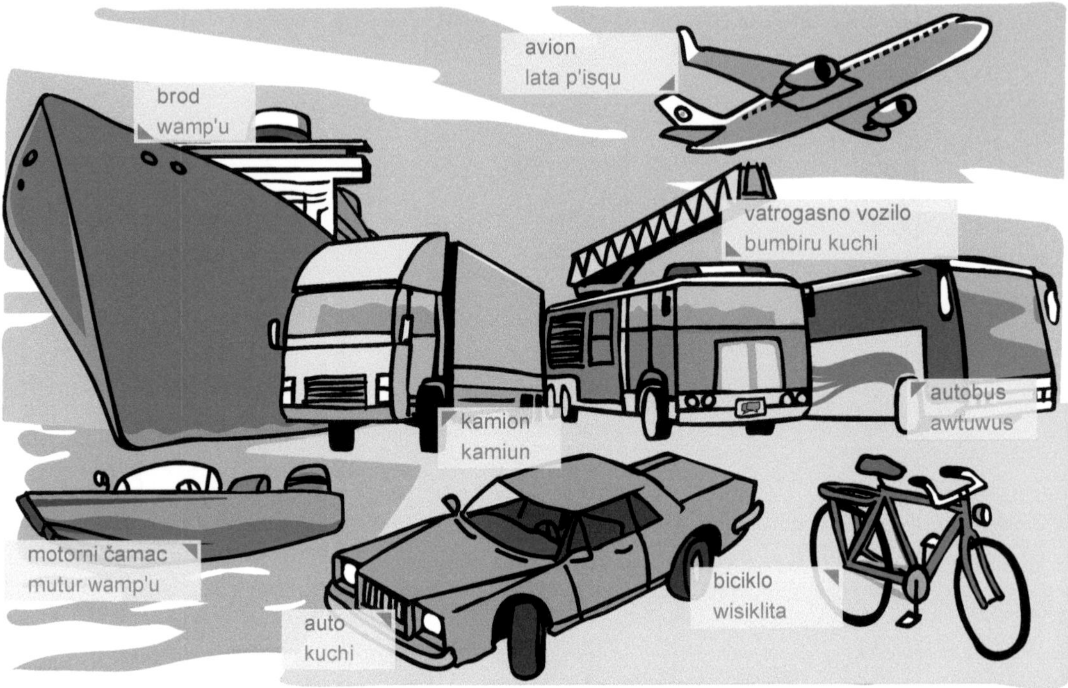
avion
lata p'isqu
brod
wamp'u
vatrogasno vozilo
bumbiru kuchi
autobus
awtuwus
kamion
kamiun
motorni čamac
mutur wamp'u
biciklo
wisiklita
auto
kuchi

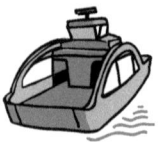

trajekt

quchacha

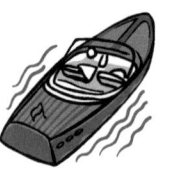

brod

wamp'u

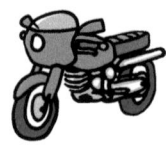

motocikl

mutu

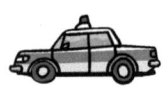

policijski automobil

pulisiyap autun

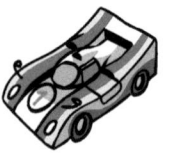

trkaći automobil

usqay karru

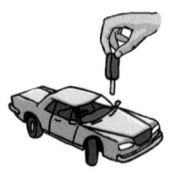

unajmljeni automobil

kuchi manukuna

kar-šering

kuchi manu

pauk

grua

smećarsko vozilo

q'upa kamiun

motor

mutur

gorivo

gasulina

benzinska pumpa

gasulinamanta istasiun

saobraćajni znak

chakatana sanampa

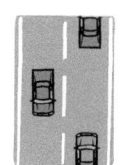

saobraćaj

trajiku

zastoj

chakatana

parking

istasiun

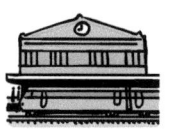

željeznička stanica

trin estasiun

šine

ñankuna

voz

trin

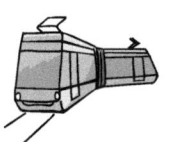

tramvaj

tranwia

vagon

wagun

helikopter

ilikuptiru

aerodrom

lata p'isqu kiti

toranj

pukara

putnik

pasaqlla

kontejner

jatun p'uktaki

karton

karton p'uktaki

tačke

kapachu

korpa

isanka

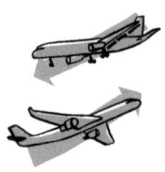

poletjeti / sletjeti

phaway / uray

grad
llaqta

selo

llaqta

centar grada

chawpi jatun llaqta

kuća

wasi

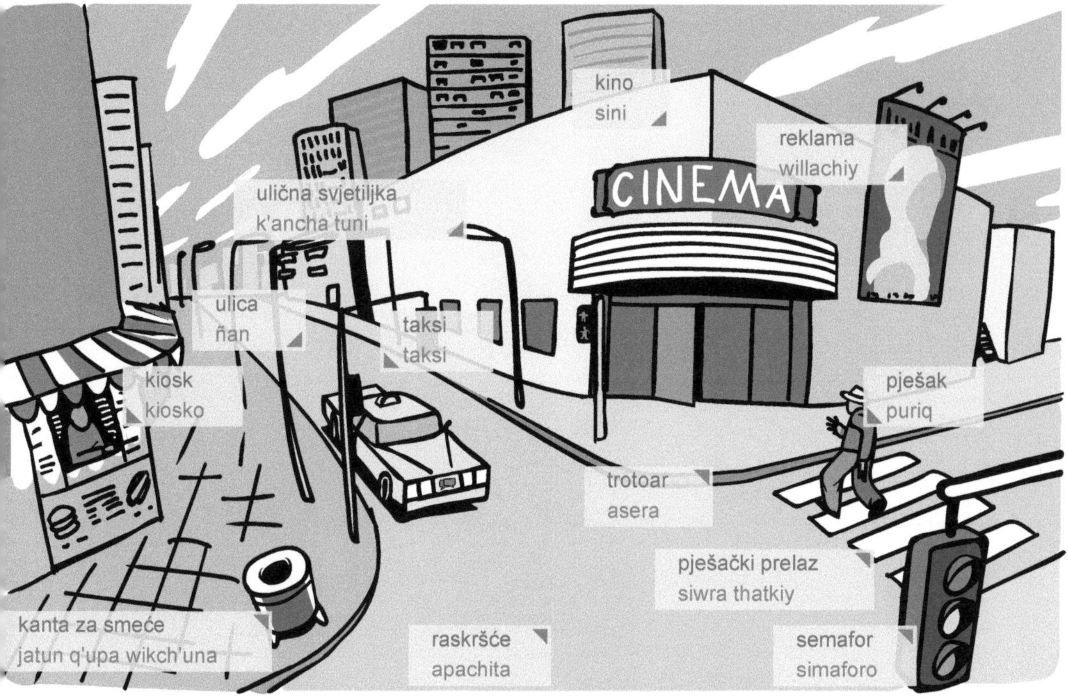

kino
sini

reklama
willachiy

ulična svjetiljka
k'ancha tuni

ulica
ñan

taksi
taksi

CINEMA

pješak
puriq

kiosk
kiosko

trotoar
asera

pješački prelaz
siwra thatkiy

kanta za smeće
jatun q'upa wikch'una

raskršće
apachita

semafor
simaforo

koliba

ch'ullka

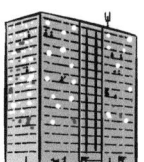

stan

apartamento

željeznička stanica

trin estasiun

vjećnica

tantanakuy wasi

muzej

rikuchina wasi

škola

yachay wasi

univerzitet

Jatun yachaywasi

banka

qullqi pirwa

bolnica

Jampina wasi

hotel

tampu wasi

apoteka

jampi ranqhana wasi

ured

ujisina

knjižara

p'anqa pirwa

radnja

tienda

cvjećara

t'ika wasi

supermarket

jatun qhatu

pijaca

qhatu

robna kuća

jatun pirwa

prodavač ribe

challwa wasi

trgovački centar

jatun rantina wasi

luka

wamp'u qhispinan

park

jark'asqa chiqan

klupa

qullqi pirwa

most

chaka

stepenice

wichana

podzemna željeznica

metro

tunel

suqhu

autobuska stanica

autuwus sayana

bar

bar

restoran

mikhuna wasi

poštanski sandučić

willa qillqa juch'uy wanqara

saobraćajni znak

t'uqsi tuni

sat za naplatu parkinga

parkimetro

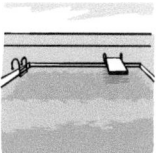

zološki vrt

jatun uywa kancha

bazen

armakuna

džamija

meskita

seosko imanje
....
chakra wasi

zagađenje okoline
....
pacha unquchiq

groblje
....
Aya pampa

crkva
....
iñiy wasi

igralište
....
pukllana kancha

hram
....
Qhapana

krajolik

wanlla

list
raphi

putokaz
sanampa

putokaz
ñan

livada
waylla

kamen
rumi

drvo
sach'a

putnik
puriq runa

rijeka
mayu

trava
sach'a

cvijet
t'ika

dolina

qhichwa

brdo

muqu

jezero

qucha

šuma

Sach'a sach'a

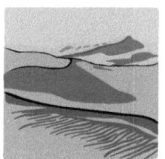

pustinja

purun

vulkan

nina phuqchiq urqu

dvorac

kastilla wasi

duga

k'uychi

gljiva

champiñun

palma

chunta

komarac

ch'uspi

muha

ch'uspi

mrav

sik'imira

pčela

wara

pauk

kusi kusi

buba

ch'iqi

žaba

k'ayra

vjeverica

artilla

jež

askanku

zec

liwre

sova

ch'usiqa

ptica

p'isqu

labud

yuku p'isqu

divlja svinja

sintiru

jelen

sierwu

los

alsi

brana

waykhasqa

vjetrenjača

wayrakallpa

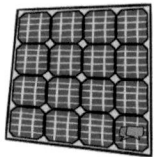

solarni modul

inti panil

klima

pacha wayra

restoran
mikhuna wasi

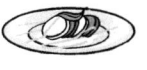

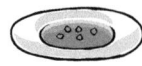

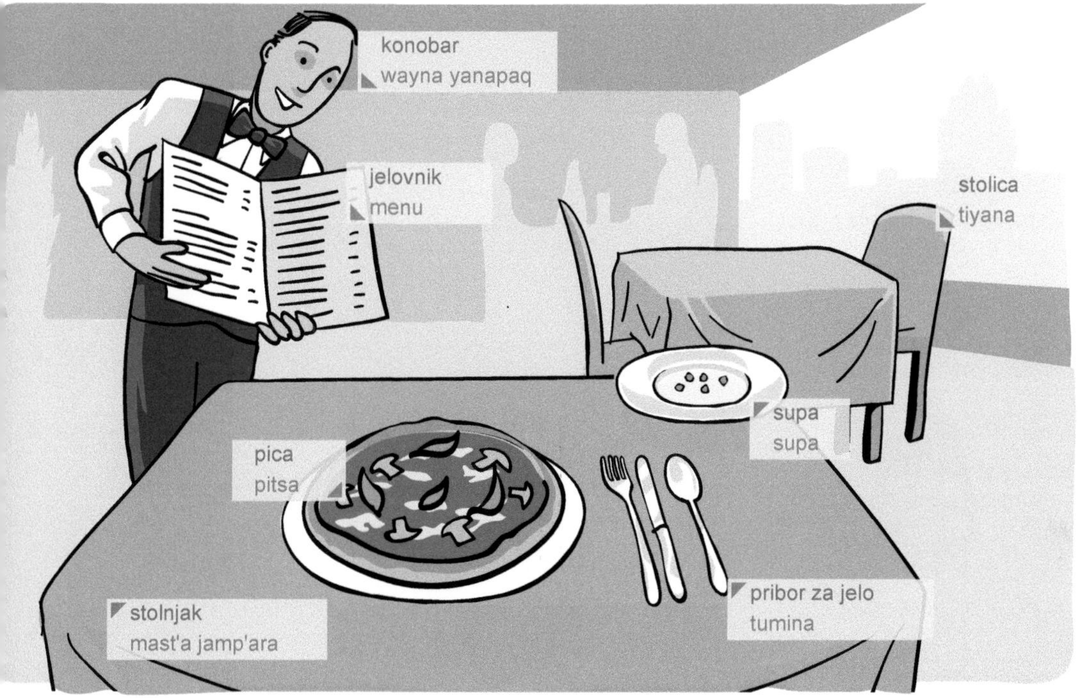

konobar
wayna yanapaq
jelovnik
menu
stolica
tiyana
supa
supa
pica
pitsa
pribor za jelo
tumina
stolnjak
mast'a jamp'ara

predjelo

ñawpaq mikhuna

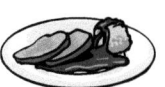

glavno jelo

yari mikhuna

desert

mikhuy yapa

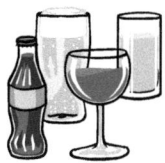

piće

upyanakuna

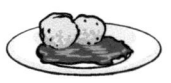

jelo

mikhuna

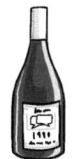

flaša

wutilla

brza hrana

saqra ura

jelo sa ulice

kalli mikhuna

čajnik

te churana

šećernica

misk'i churana

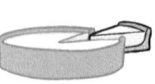

porcija

chhika

mašina za espreso

cajitira iksprisu

barska stolica

jatun tiyana

račun

yupay

tacna

bandija

nož

tumi

viljuška

tinidur

kašika

wislla uña

kašičica

juch'uy wislla uña

salveta

simi pichana

čaša

qhispi akilla

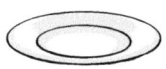

tanjir

chuwa

tanjir za supu

chuwa

tanjurić

chuwa

sos

salsa

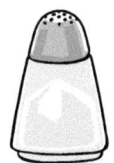

solanik

kachi churana

mlin za biber

pimienta kutana

sirće

k'allkucha

ulje

llukllu

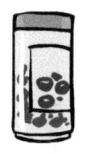

začini

ch'aki q'mirkuna

kečap

ketchup

senf

mostaza

majoneza

mayonisa

supermarket

jatun qhatu

ponuda
kusa ranqhanapaq
FOR
klijent
rantiq
mliječni proizvodi
willalli
voće
puquy
kolica za kupovinu
rantina karro

BUTCHERS

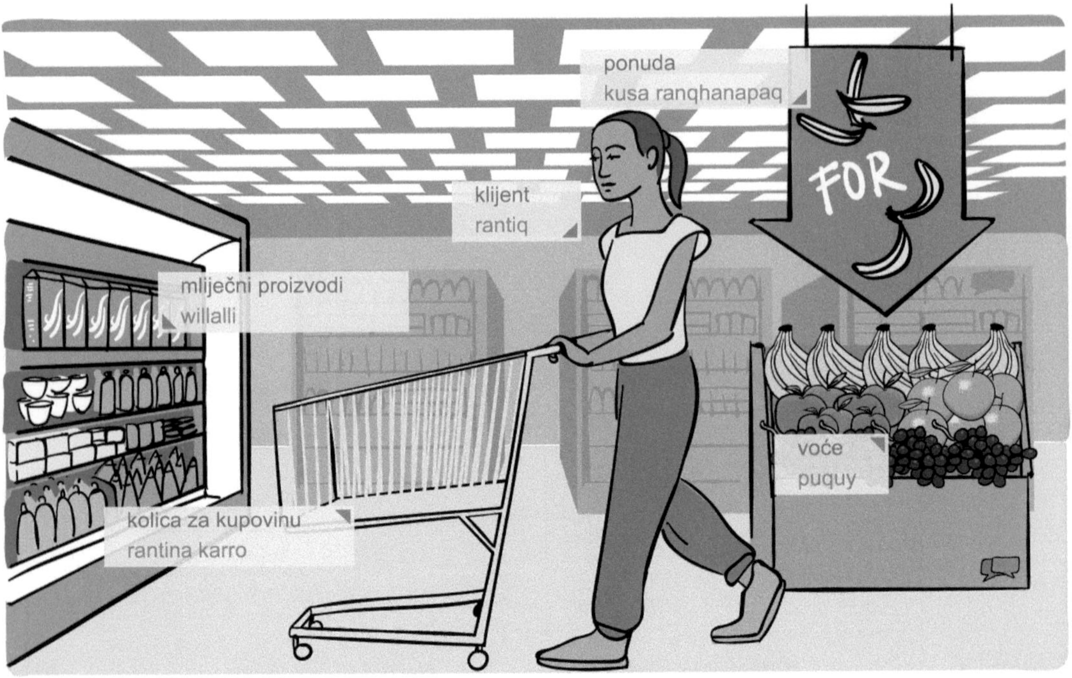

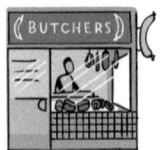

mesnica- klaonica

aicha wasi

BAKERY

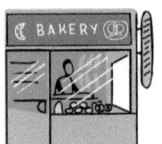

pekara

t'anta wasi

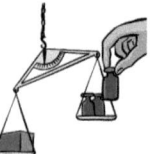

vagati

llasay

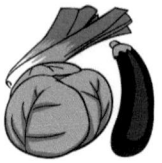

povrće

q'umirkuna

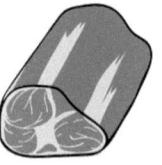

meso

aycha

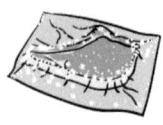

zaleđena hrana

chhullunka mikhuna

narezak

quqawi

konzerve

mikhuna unaychasqa

prašak za veš

ditirjinti

slatkiši

misk'ikuna

kućanski proizvodi

wasimanta pruduktu

sredstvo za čišćenje

maylla produkto

prodavačica

ranqhaq

kasa

kartun p'uktaki

blagajnik

kajiru

lista za kupovinu

sinru qillqa rantina

radno vrijeme

sumaq runa uyarina phani

novčanik

qullqi wayaqa

kreditna kartica

tarjita kriditumanta

torba

plastiko wayaqa

najlonska vrećica

plastiku wayaqa

voda

yaku

sok

jilli

mlijeko

ch'awa

kola

coca cola

vino

vino

pivo

sirwisa

alkohol

alkula

kakao

kakawu

čaj

te

kafa

caji

espreso

ieksprisu

kapućino

capuchinu

banana

platanu

jabuka

mansana

narandža

laranja

lubenica

milun

limun

limun

mrkva

sanawrya

bijeli luk

aju

bambus

wamwu

crveni luk

siwulla

gljiva

champiñun

orašasti plodovi

awillana

pasta

jirius

špagete

ispawiti

riža

arrus

salata

sarsa

pomfrit

papa kanka

pečeni krompir

papa kanka

pica

pitsa

hamburger

amwirkisa

sendvič

sanwich

šnicla

jiliti

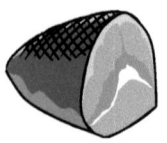

šunka

jamun

kobasica

salami

kobasica

salchicha

kokoš

chichilu

pečenje

aycha kanka

riba

challwa

zobene pahuljice

p'aqa awina

muzli

muesli

kornfleks

p'aqa sara

brašno

jak'u

kroason

krwasan

zemičke

k'awka

kruh

t'anta

tost

t'anta jamk'a

keksi

khamuna

maslac

mantikilla

svježi sir

ñuqñu

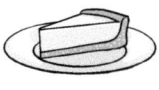

kolač

pastil

jaje

runtu

jaje na oko

runtu kanka

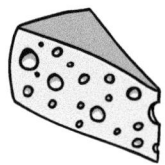

sir

masara

sladoled

chullunka misk'i

šećer

misk'i

med

wayrunq'u misk'i

marmelada

mirmilara

nugat krema

krima turrunmanta

kuri

kurri

seosko imanje
chakra wasi

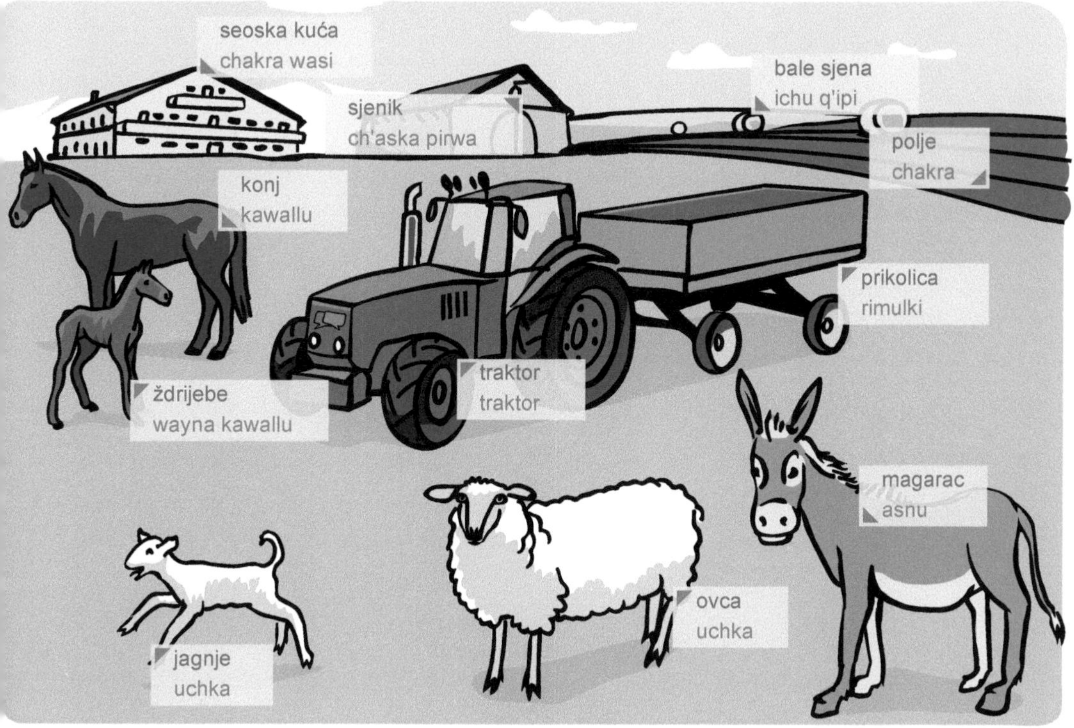
seoska kuća
chakra wasi
sjenik
ch'aska pirwa
bale sjena
ichu q'ipi
polje
chakra
konj
kawallu
prikolica
rimulki
traktor
traktor
ždrijebe
wayna kawallu
magarac
asnu
ovca
uchka
jagnje
uchka

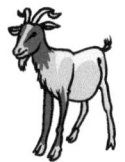

koza

karwa

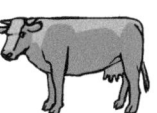

krava

waka

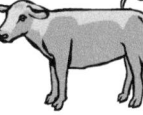

tele

waka uña

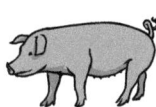

svinja

khuchi

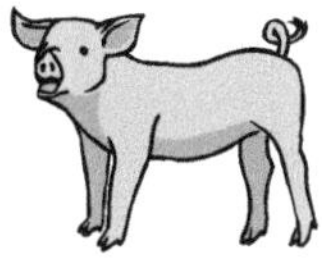

prase

khuchi uña

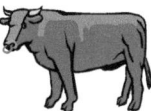

bik

turu

guska

wallata

patka

pili

pile

chchilu

kokoška

wallpa

pjetao

k'anka

pacov

jatun juk'ucha

mačka

misi/michi

miš

juk'ucha

vol

turu

pas

alqu

pseća kućica

alquwasi

crijevo za baštu

mankira

kanta za zalijevanje

qarpana jalp'a

kosa

rutuna

plug

taklla

srp
rutuna

motika
liwk'ana

vile
sipina

sjekira
ayri

tačke
kapachu

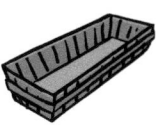

korito
yaku upyana

bokal za mlijeko
willalli purunku

vreća
jatun wayaqa

ograda
jark'aq ch'ipa

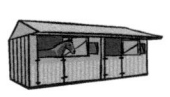

štala
kancha wasi

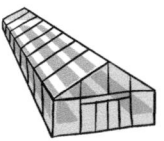

staklenik
inwirnadiru

tlo
pampa

sjeme
muju

đubrivo
wanu

kombajn
makina allana

kositi
allay

žetva
allay

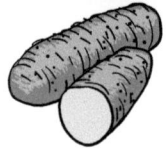

jam korijen
ñame

pšenica
tiriwu

soja
soya

krompir
papa

kukuruz
sara

uljana repica
kulsa luru

drvo voća
wayu sach'a

manioka
mandiuka

žito
ch'aki puquy

kuća
wasi

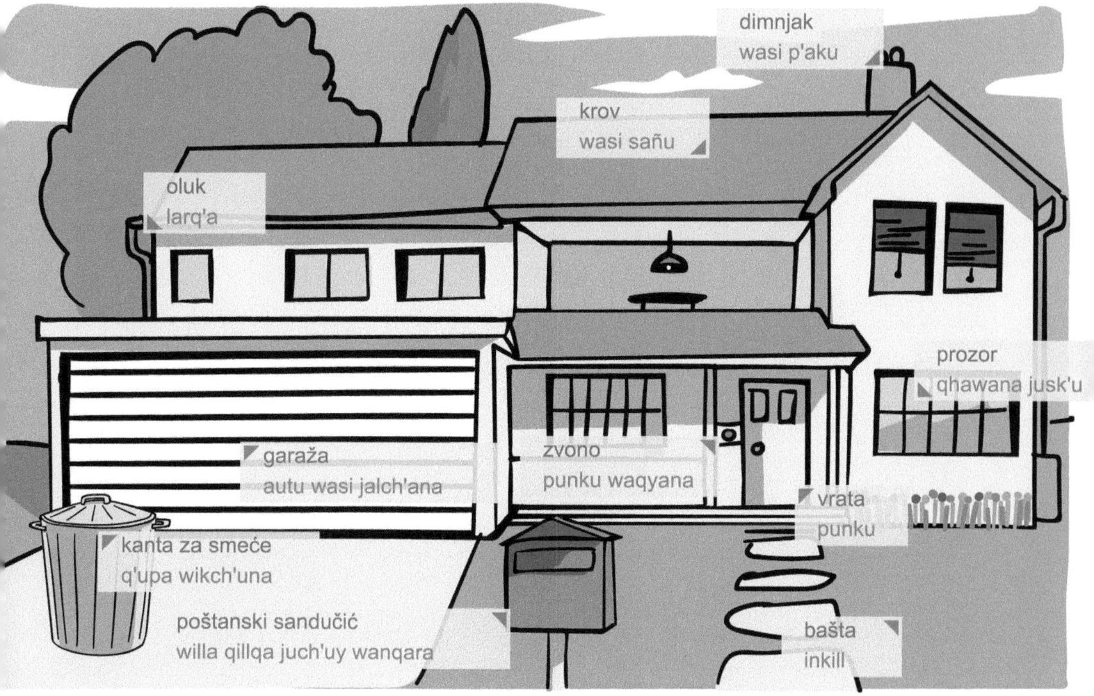
dimnjak
wasi p'aku
krov
wasi sañu
oluk
larq'a
prozor
qhawana jusk'u
garaža
autu wasi jalch'ana
zvono
punku waqyana
vrata
punku
kanta za smeće
q'upa wikch'una
poštanski sandučić
willa qillqa juch'uy wanqara
bašta
inkill

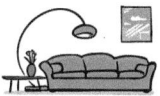

dnevni boravak

k'illi wanlla

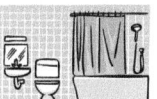

kupatilo

akana wasi

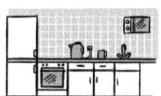

kuhinja

wayk'una wasi

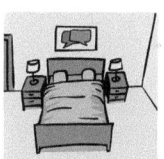

spavaća soba

puñuna wasi

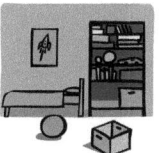

dječija soba

wawa k'uchu

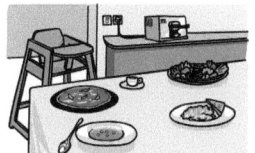

trpezarija

mikhuna k'uchu

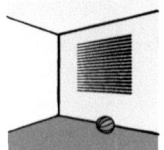

pod, tlo

pampa

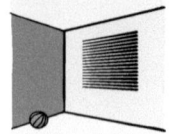

zid

pirqa

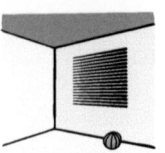

plafon

wasip khatan

podrum

wasi ukhun

sauna

sawna

balkon

walkun

terasa

pirqa

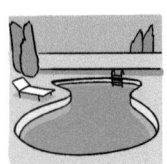

bazen

armakuna

kosilica

k'achina

posteljina

iqana

pokrivač

khatana

krevet

puñuna

metla

pichana

kanta

yaku aysana

prekidač

k'ancha jap'ichiq

dnevni boravak
k'illi wanlla

tapeta
raphi llimp'isqa
fotografija
lanti
lampa
k'anchana
polica
p'anqa jallch'ana
ormar
churakuna
televizija
tele
dimnjak
wasi p'aku
cvijet
t'ika
jastuk
sawna
kauč
sufa
vaza
p'uñu
daljinski upravljač
kuntrul remoto

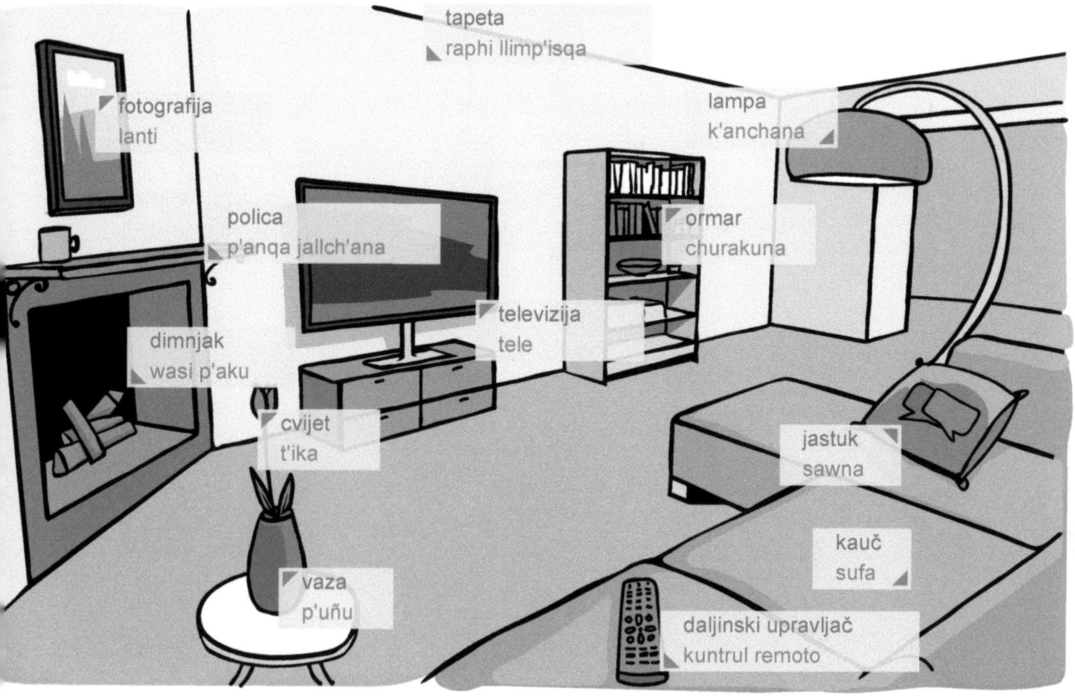

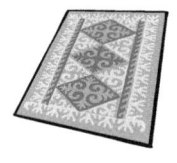

tepih

pampa mast'ana

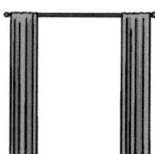

zavjesa

arapa

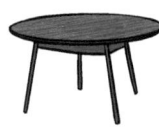

stol

jamp'ara

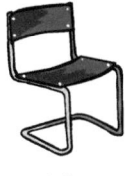

stolica

tiyana

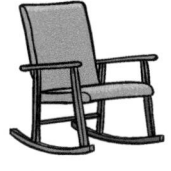

stolica za ljuljanje

chhuku tiyana

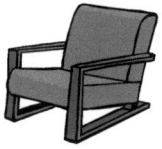

fotelja

kirana

knjiga

p'anqa

deka

mast'a

dekoracija

t'ikanchay

ložno drvo

llamt'a

film

pelikula

stereo uređaj

takina ekipu

ključ

ch'atana

novine

mit'awa

umjetnička slika

llimp'i

poster

poster

radio

wayra simi

blok za bilješke

qillqana p'anqa

usisavač

aspiradora

kaktus

pukru

svijeća

ispilma

kuhinja
wayk'una wasi

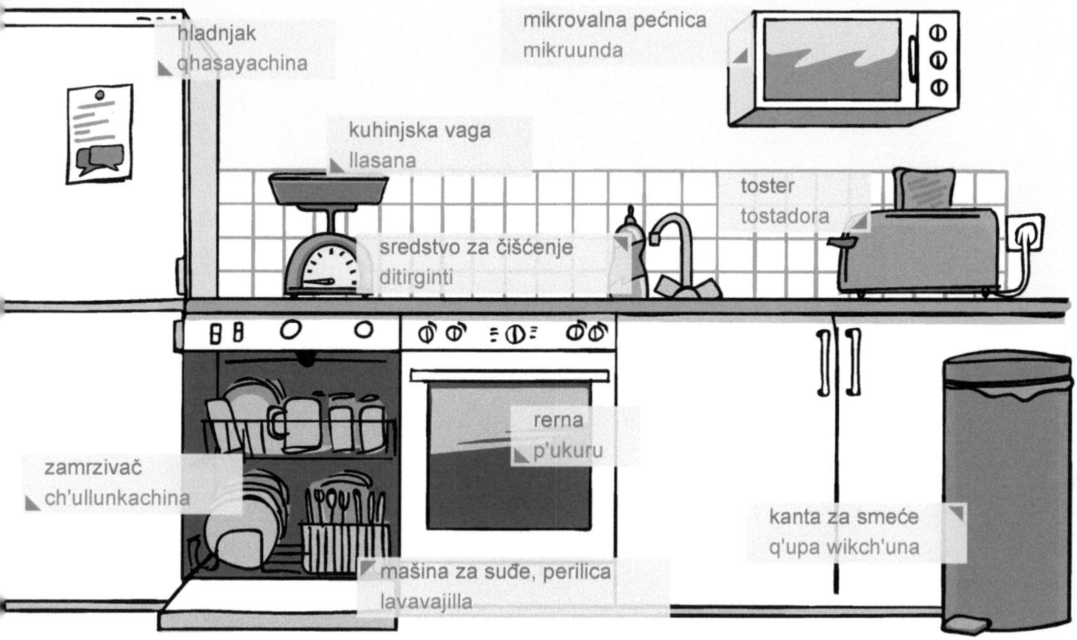

hladnjak
qhasayachina
mikrovalna pećnica
mikruunda
kuhinjska vaga
llasana
toster
tostadora
sredstvo za čišćenje
ditirginti
rerna
p'ukuru
zamrzivač
ch'ullunkachina
kanta za smeće
q'upa wikch'una
mašina za suđe, perilica
lavavajilla

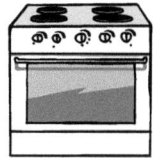

peć

presiun manka

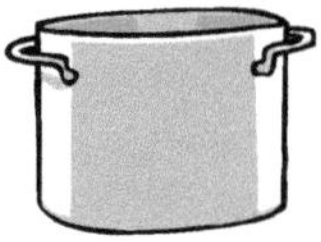

lonac

manka

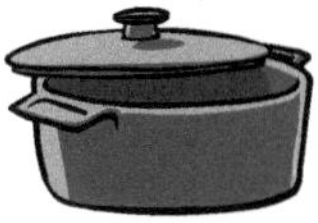

metalni lonac

q'illa manka

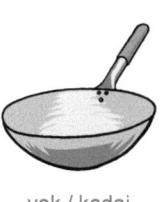

vok / kadai

wok

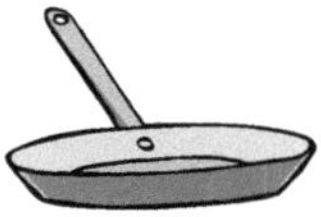

tava, tiganj

payla

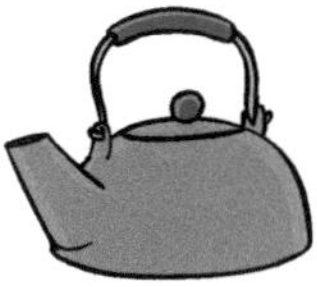

kuhalo

thimpuchina

aparat za kuhanje na pari

wapsina

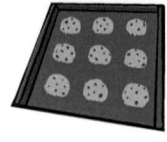

lim za pečenje

p'ukuru punku

posuđe

vajilla

šalica

tasa

činija

tason

kineski štapići

palillo

kutlača

wislla

lopatica

phusuqa urquna

metlica za snijeg bjelanjca

qaywina

sito za kuhanje

isanka

sito

suysuna

ribež

thupana

avan s tučkom

kutana

roštilj

kawitu

ložište

nina jap'ichina

daska

k'ullu kuchunapaq

oklagija

tuquru

vadičep

sacacurchu

konzerva

lata

otvarač za konzerve

lata kichana

krpe za lonac

jap'ina

sudoper

chuwa mayllana

četka

sipillu

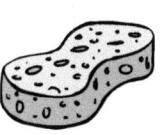

spužva

ispunja

mikser

watidora

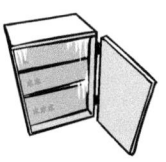

zamrzivač

ch'ullunkachina

flašica za bebu

biberon

slavina

grifo

kupatilo

akana wasi

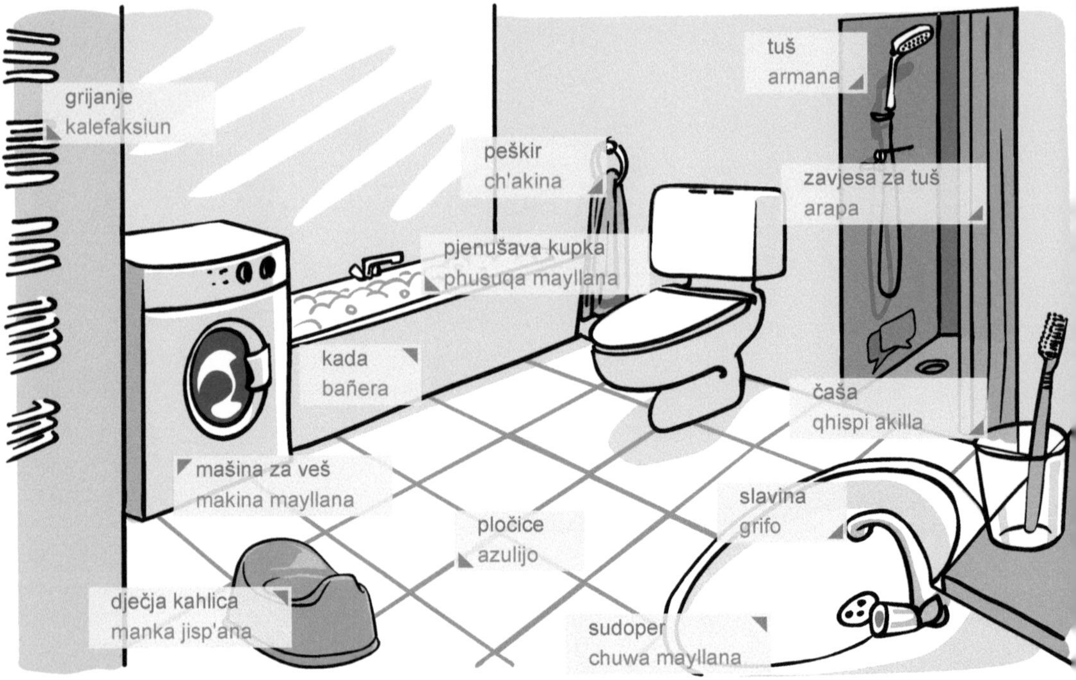

grijanje
kalefaksiun
tuš
armana
peškir
ch'akina
zavjesa za tuš
arapa
pjenušava kupka
phusuqa mayllana
kada
bañera
čaša
qhispi akilla
mašina za veš
makina mayllana
slavina
grifo
pločice
azulijo
dječja kahlica
manka jisp'ana
sudoper
chuwa mayllana

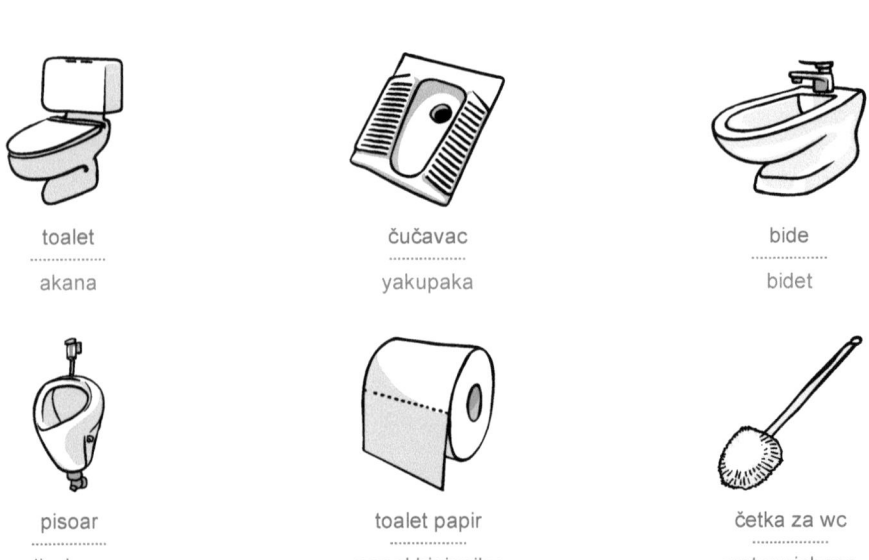

toalet

akana

čučavac

yakupaka

bide

bidet

pisoar

jisp'ana

toalet papir

papel higieniku

četka za wc

water pichana

četkica za zube

kiru khituna

pasta za zube

kiru pasta

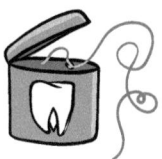

zubni konac

kiru q'aytu

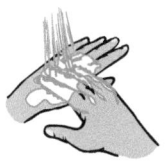

prati

mayllay

tuš

armana makiwan

intimni tuš

armana

lavor

pila

četka za leđa

wasa cepillo

sapun

t'arta

gel za tuširanje

llukllu armanapaq

šampon

champu

krpe za pranje

ch'akina

odvod

ch'chi yaku wikch'una

krema

krima

dezodorans

kuntu wayllak'upaq

ogledalo

qhispi

ogledalo za šminkanje

qhawakunaqhispi

brijač

mumikuna

pjena za brijanje

phusuqu mumikunapaq

vodica poslije brijanja

lusiun mumikunapaq

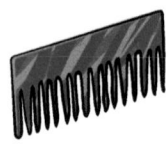

češalj

sikrana

četka

kuiru khituna

fen

sekadora

sprej za kosu

ispray

puder

makillaji

karmin

simi llimp'ina

lak za nokte

llimp'i sillu

vata

ampi

makazice za nokte

sillu k'utuna

parfem

untu

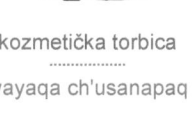

kozmetička torbica

wayaqa ch'usanapaq

hoklica

chukuna

vaga

aysana

kupaći ogrtač

bata

rukavice za čišćenje

maki wayaqa gumamanta

tampon

tampon

uložak za dame

raphi ch'akina

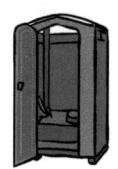

hemijski toalet

akanapaq tiyana kimiku

dječija soba

wawa k'uchu

budilnik
riqch'achina
plišana igračka
piluchi
auto za igru
kochi pukllana
zvečka
chanrara
kućica za lutke
urpu wasi
poklon
qurina

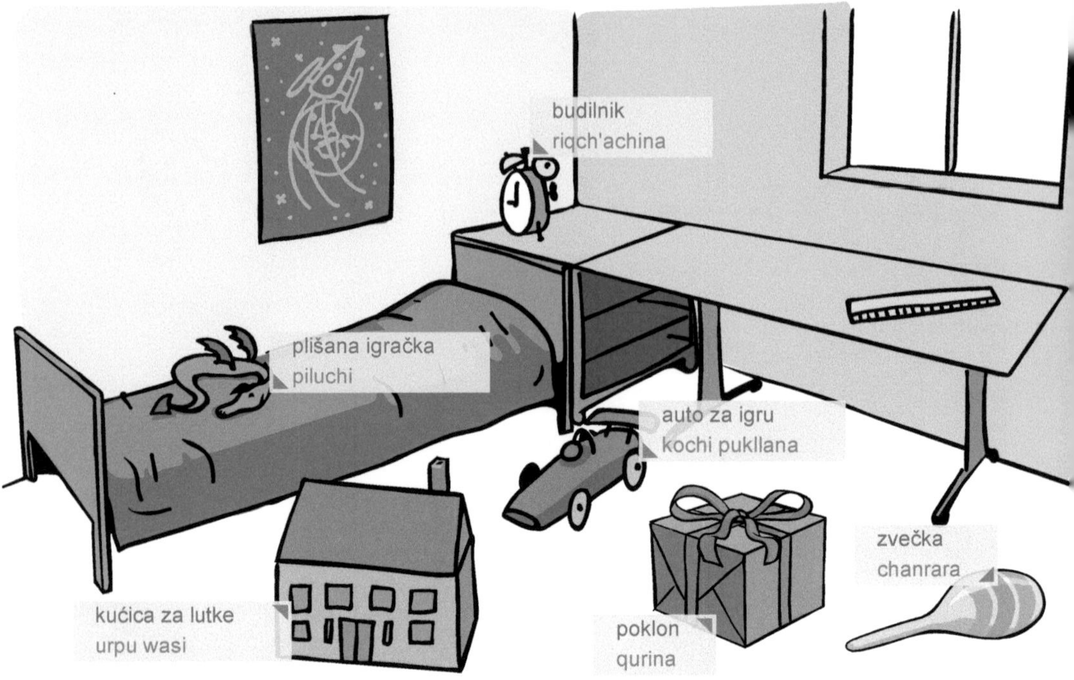

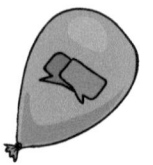

balon

phuyu phuku

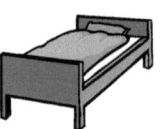

krevet

puñuna

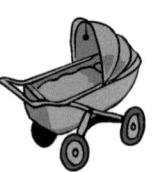

kolica za djecu

wawa kochi

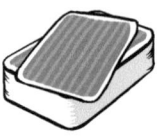

karte za igranje

naypi

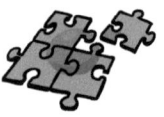

puzle

pusli

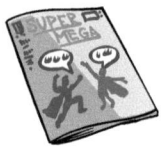

strip

riwista

lego kockice

legukuna

kockice za gradnju

wluki pukllana

akcione figure

figura aksionmanta

benkica

wuri wawapaq

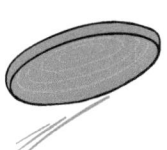

frizbi

friswi

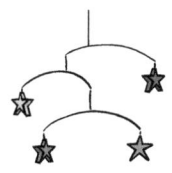

mobile

wawa marq'a

igra na ploči

jamp'ara pukllana

kocka

dado

miniatura željeznice

trin iliktriko purina

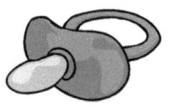

cucla

maniki

zabava

raymi

slikovnica

futu p'anqa

lopta

p'ulu

lutka

urpu

igrati

pukllay

pješćanik
ťiyu p'utaki

ljuljačka
wallunk'a

igračke
pukllana

konzola za igru
wiriukunsula

triciklo
trisiklu

medvjedić
jukumari pukllana

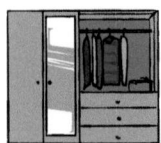

ormar
p'acha jallch'ana

odjeća
p'acha

kratke čarape
chakiwayaqa

čarape
chakiwayaqa qharipaq

hulahopke
chakiwayaqa

šal
chalina

kaiš
chunpi

kišobran
parawa

majica kratkih rukava
kamisita

čizme
wutakuna

papuče
zapatillakuna

patike
tinis

sandale

llanq'i

cipele

phapatukuna

gumene čizme

wutakuna parapaq

gaće

ukhu p'acha

grudnjak

sustin

potkošulja

chaliku

bodi

wuri

hlače

pantalu kurtu

farmerke

wakiru

suknja

arphi

bluza

wulusa

košulja

kamisa

džemper

chumpa

majica

chumpa

sako

blazer

jakna

chakita

mantil

qhata

kišni mantil

yawardina

kostim

traji

haljina

wistiru

vjenčanica

wistiru nowiamanta

odijelo
traji

spavaćica
kamisun

pidžama
piyama

sari
sari

marama
wandana

turban
turbante

burka
burka

kaftan
kaftan

abaja
abaya

kupaći kostim
traje mayllakunapaq

kupaće gaće
p'acha mayllakunpaq

kratke hlače
kurtu

trenerka
p'acha tukuy p'unchawpaq

pregača
dilantal

rukavice
makiwayaqa

dugme

ch'itana

naočare

gafakuna

narukvica

maki watana

ogrlica

wallqa

prsten

siwi

naušnica

linri quri

kapa

q'aspa

vješalica

p'acha warkhuna

šešir

chharara

kravata

kurbata

patentni zatvarač

pantalu wisk'ana

kaciga

kasku

tregeri za hlače

tirantikuna

školska uniforma

uniforme

uniforma

uniformi

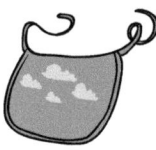

podbradak

llawsanapaq

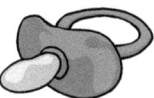

cucla

maniki

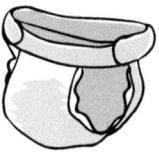

pelene

jananta

ured

ujisina

server
yanapakuq
ormar za kartoteku
jatun raphi jallch'ana
papir
raphi
štampač
impresora nisqa
monitor
computadura qhawana
miš
juk'ucha
pisaći sto
llamk'a jamp'ara
registrator
raphi churana
tastatura
tekladu
korpa za papir
raphi chuqana
kompjuter
computarura
stolica
tiyana

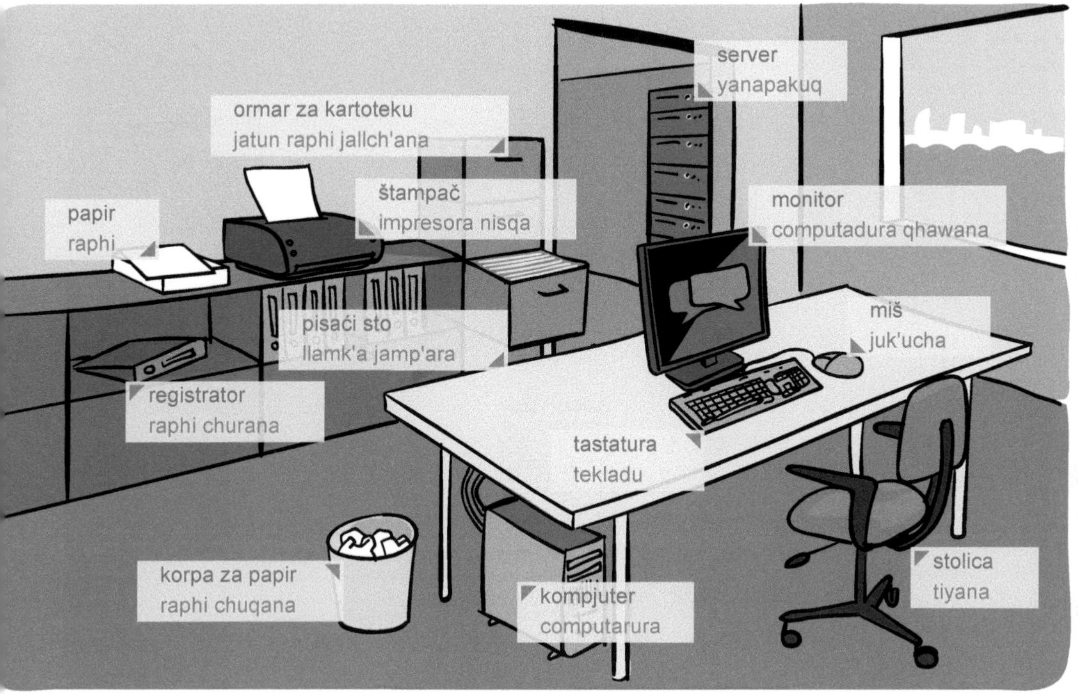

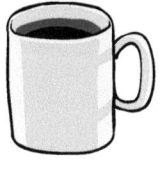

šolja za kafu

tasa cajimanta

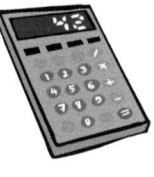

kalkulator

calcularura

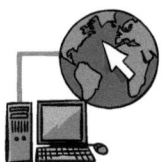

internet

intirnit

laptop
....
laptop

pismo
....
chaki qillqa

poruka
....
willachiy

mobilni telefon
....
silular

mreža
....
red

aparat za kopiranje
....
futukopia

softver
....
software

telefon
....
tilijunu

utičnica
....
toma corriente

faks
....
faks

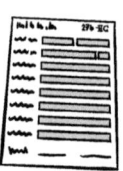

formular
....
jurmulario

dokument
....
asuy qillqa

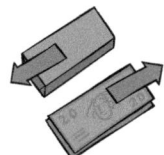

kupovati

ranqhay

platiti

qupuy

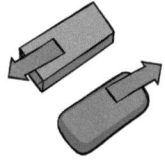

trgovati

ranqhay

novac

qullqi

 **USD**

dolar

dólar qullqi

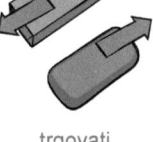 **EUR**

euro

iwro qullqi

 **JPY**

jen

yen qullqi

 **RUB**

rublja

ruwlu qullqi

 **CHF**

franak

juranku swisu qullqi

 **CNY**

renminbi jen

rinminwi qullqi

 **INR**

rupi

rupia qullqi

bankomat

kajiru awtumatiku

mjenjačnica

qullqi rantina wasi

zlato

quri

srebro

qullqi

nafta

pitruliu

energija

kallpa

cijena

yupa

ugovor

mink'ay

porez

impuistu

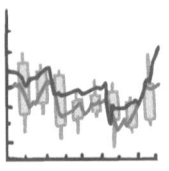

akcija

aksiun

raditi

llamk'ay

službenik

llamk'achiq

poslodavac

llamk'achiq

fabrika

puquchiy kiti

radnja

tienda

policajac
ajinti policiamanta

vatrogasac
wumwiru

kuhar
wayk'uq

ljekar
jampi kamayuq

pilot
pilutu

baštovan

inkill kamayuq

stolar

llaqllaykamayuq

krojačica

siraykamayuq

sudija

khuskachaq

hemičar

jampi ranqhaq

glumac

aranwaq

vozač autobusa

awtuwus q'iwiq

vozač taksija

taksi q'iwiq

ribar

challwakamayuq

čistačica

pichaq

krovopokrivač

wasip qhatan

konobar

wayna yanapaq

lovac

chakuykamayuq

moler

llimp'iq

pekar

t'antiri

električar

iliktrisista

građevinski radnik

llam'kaq

inženjer

k'llikacha

koljač

ñak'aq

limar, vodoinstalater

yaku kamayuq

poštar

qillqa apaq

vojnik

awqakuq

arhitekta

wasikamayuq

blagajnik

kajiru

cvjećar

t'ikachaq

frizer

chukcharutuq

kontrolor

q'iwichiq

mehaničar

mikaniku

kapiten

wamink'a

zubar

kirukamayuq

naučnik

jamawt'a

rabin

rawinu

imam

k'askachimuq

monah

munji

sveštenik

tata kura

alat
ruk'awi

kliješta
alikati
čekić
takana
izvijač
disturnilladur
džepna lampa
k'anchana
vijčani ključ
kichakuq

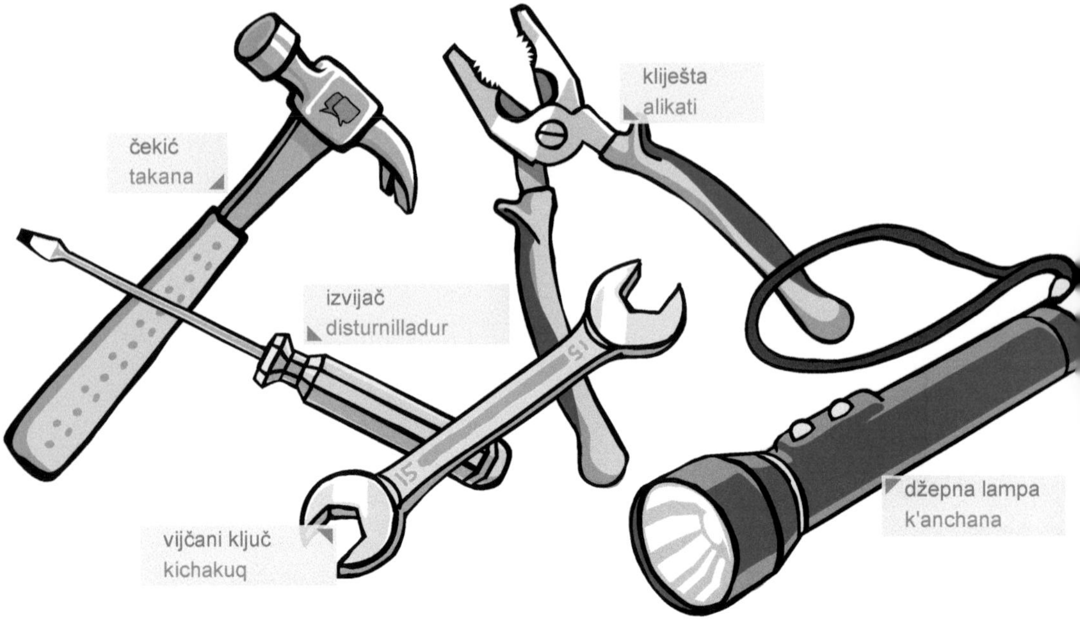

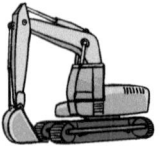

bager

ikskawadura

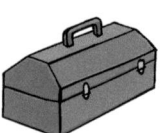

kutija sa alatom

ruk'awi p'uktaki

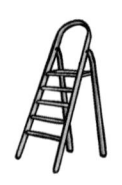

ljestve

wichana makiyuq

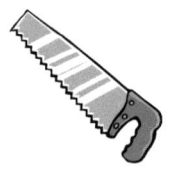

testera, pila

sierra

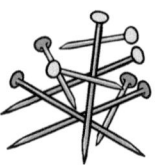

ekser

takarpu

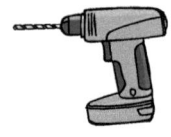

bušilica

talaru

popraviti
allinchay

lopata
lampa

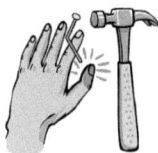

sranje!
¡Supay apachun!

lopatica
q'upa tantana

kanta boje
llimp'i churana

vijak
turnillukuna

muzički instrumenti
takichiy nakuna

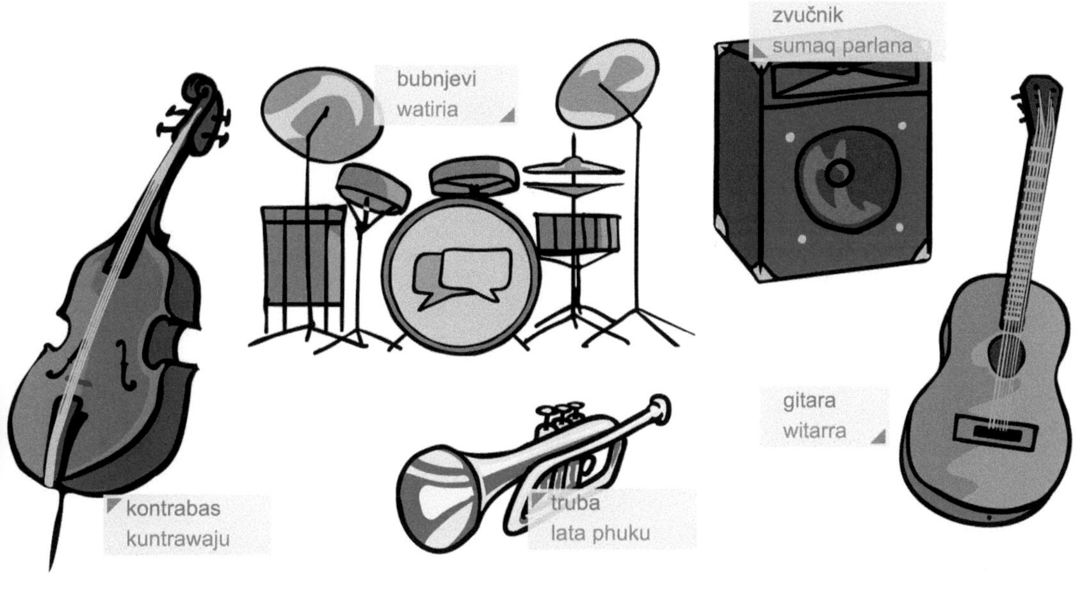

bubnjevi
watiria

zvučnik
sumaq parlana

gitara
witarra

kontrabas
kuntrawaju

truba
lata phuku

klavir

pianu

violina

wiulin

bas

waju

bubanj timpani

tinwalis

bubanj

wankar

sintisajzer

tikladu

saksofon

saksu

flauta

phukuna

mikrofon

mikrufunu

zološki vrt
jatun uywa kancha

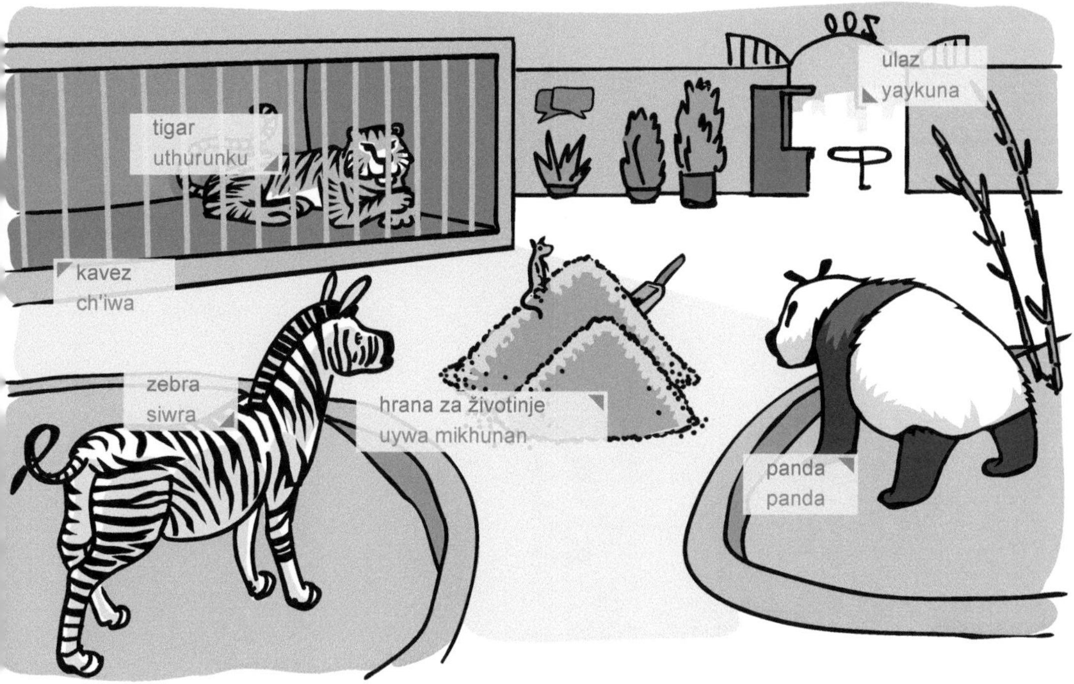
ulaz
yaykuna
tigar
uthurunku
kavez
ch'iwa
zebra
siwra
hrana za životinje
uywa mikhunan
panda
panda

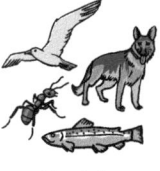

životinje

uywa

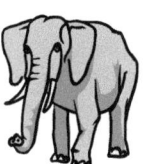

slon

ilijanti

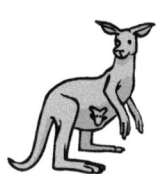

kengur

kanguru

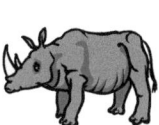

nosorog

rinusirunti

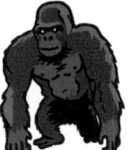

gorila

gurila

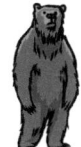

medvjed

jukumari

kamila

kamillu

noj

suri

lav

puma

majmun

k'usillu

flamingo

pariwana

papagaj

q'ichichi

polarni medvjed

pular jukumari

pingvin

pinwinu

morski pas

tiwurun

paun

pawu

zmija

katari

krokodil

kukuwurilu

čuvar u zološkom vrtu

jatun uywa kancha arariwa

tuljan

fuka

jaguar

uthurunku

poni

puni

leopard

lliwpardu

nilski konj

hipuputamu

žirafa

jirafa

orao

anka

divlja svinja

sintiru

riba

challwa

kornjača

turtuga

morž

mursa

lisica

atuq

gazela

gacila

američki fudbal
amerikanu papawki pukllay

vožnja bicikla
siklu rumpiy

tenis
tenis

košarka
isanka papawki

plivanje
wat'aku

boks
ñuk'anaku

hokej na ledu
joki

fudbal

papawki pukllay

bedminton

watmintun

laka atletika

lanlak

rukomet

kakcha

skijanje

iski

polo

pulu

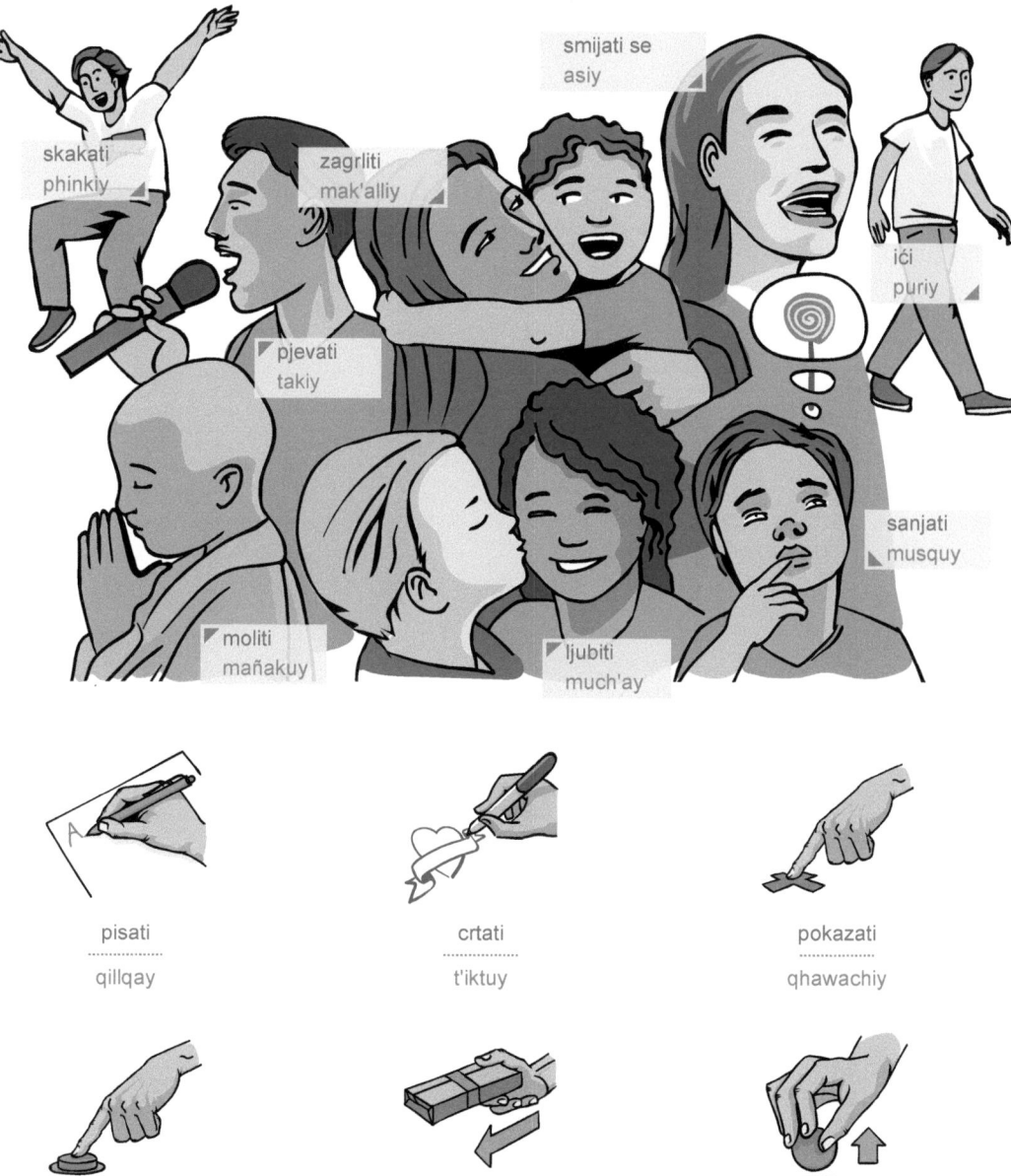

skakati
phinkiy

zagrliti
mak'alliy

smijati se
asiy

ići
puriy

pjevati
takiy

moliti
mañakuy

ljubiti
much'ay

sanjati
musquy

pisati	crtati	pokazati
qillqay	t'iktuy	qhawachiy
gurati	dati	uzeti
tanqay	quy	uqhariy

imati

yuq

raditi

ruway

biti

kay

stajati

sayay

trčati

ťijuy

vući

chuqay

baciti

chuqay

pasti

urmay

ležati

siriy

čekati

suyay

nositi

apay

sjediti

chukuchiy

obući

p'achachakuy

spavati

puñuy

probuditi

rikch'ay

pogledati

qhaway

plakati

waqay

milovati

waylluy

češljati

sikray

govoriti

rimay

razumjeti

unanchay

pitati

tapuy

slušati

uyariy

piti

upyay

jesti

mikhuy

pospremiti

kamachiy

voljeti

khuyay

kuhati

wayk'uy

voziti

q'iwiy

letjeti

phaway

jedriti

wamp'uy

računati

yupanchay

čitati

ñawiriy

učiti

yachay

raditi

llamk'ay

vjenčavti

sawaray

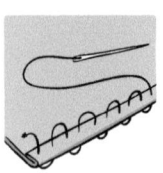

šiti

siray

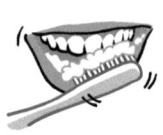

prati zube

kiru khitukuy

ubiti

wanchiy

pušiti

pitay

slati

kachay

porodica
yawar masikuna

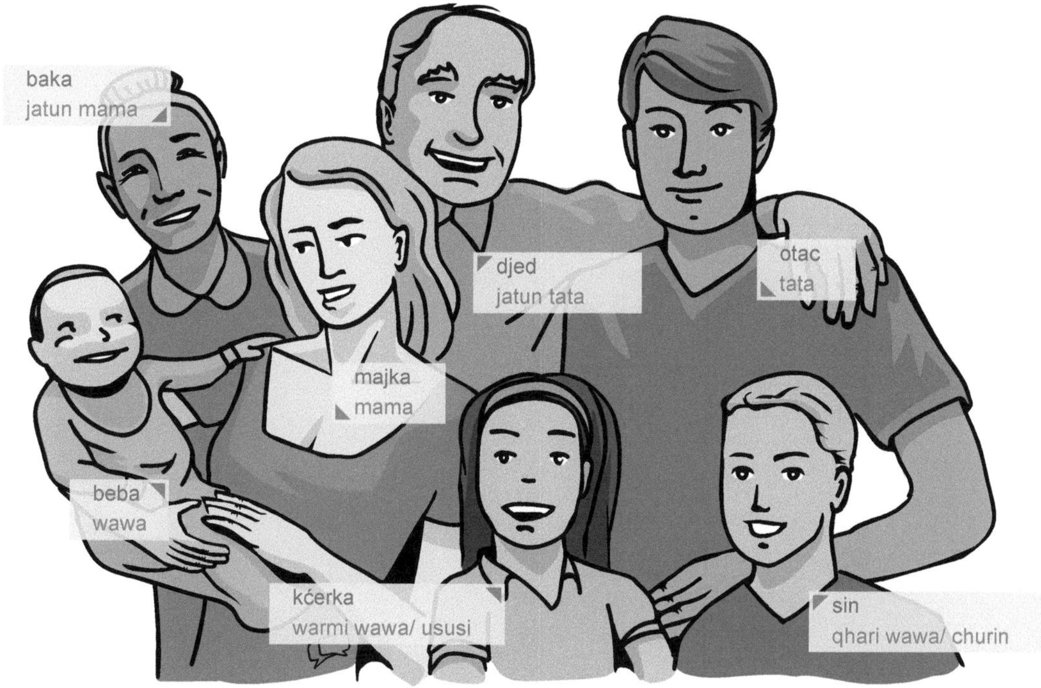
baka
jatun mama
djed
jatun tata
otac
tata
majka
mama
beba
wawa
kćerka
warmi wawa/ ususi
sin
qhari wawa/ churin

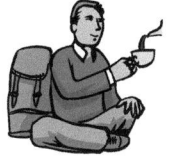

gost
jamuynisqa

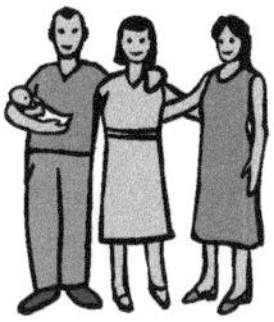
ujna, tetka, strina
ipa

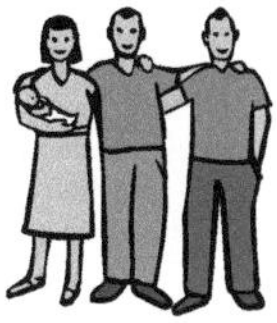
ujak, tetak, stric
kaki

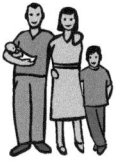

brat
tura/wawqi

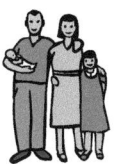

sestra
ñaña/pana

tijelo

uqhu

čelo
mat'i
oko
ñawi
leđa
likra
prst
ruk'ana
lice
uya
brada
sunkha
ruka, šaka
maki
noga
t'usu
grudi
qhasqu
ruka
likra

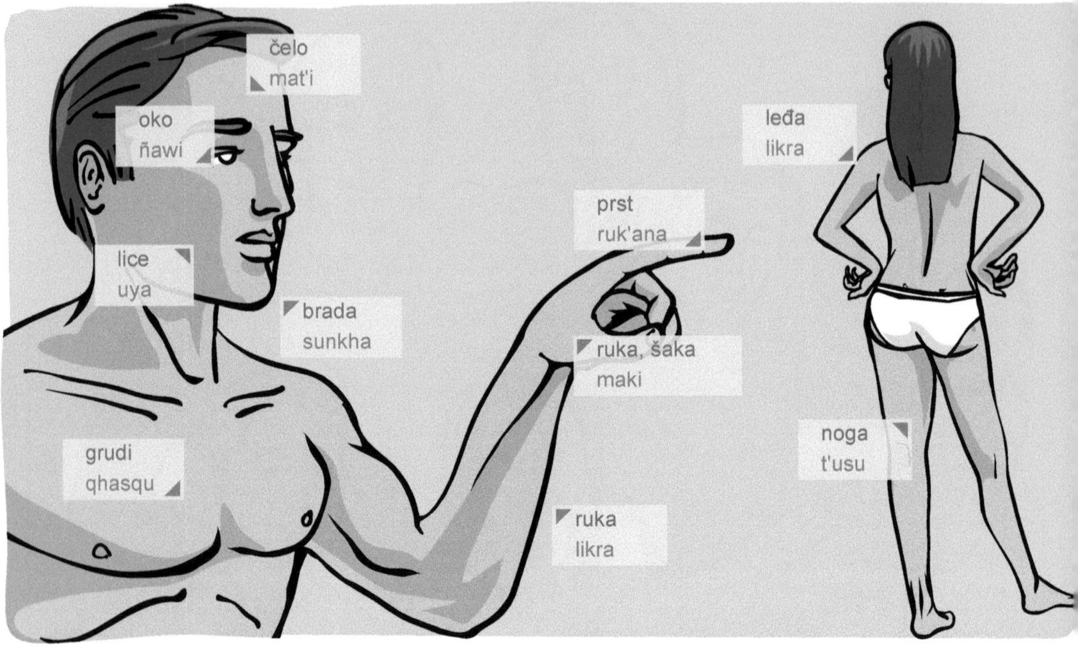

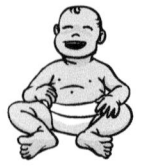

beba

wawa

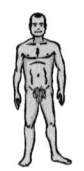

muškarac

qhari

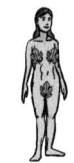

žena

warmi

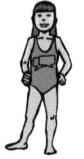

djevojčica

sipas

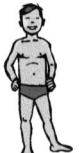

dječak

yuqalla

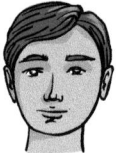

glava

uma

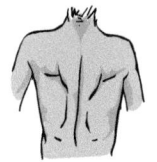

leđa
wasa

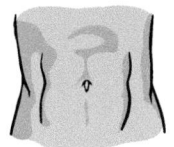

stomak
wisa ukhu

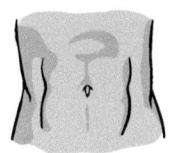

pupak
pupu

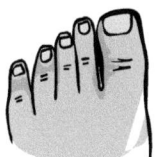

nožni prst
ruk'ana

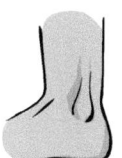

peta
takillpa

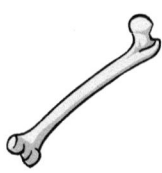

kosti
tullu

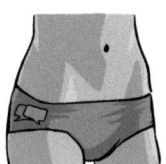

kuk
chaka

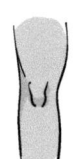

koljeno
muqu

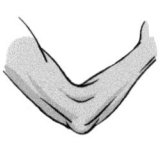

lakat
maki muqu

nos
sinqa

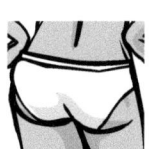

stražnjica
siki

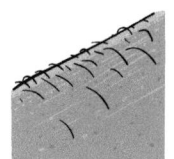

koža
qara

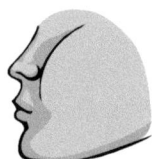

obraz
k'aqlla

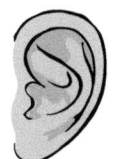

uho
linri

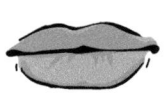

usna
sipri

usta

simi

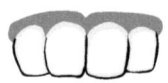

zub

kiru

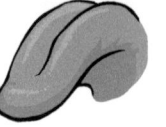

jezik

qallu

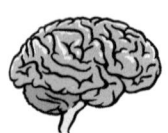

mozak

ñuqtu

srce

sunqu

mišić

mach'i

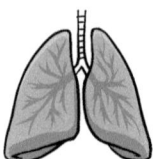

pluća

surq'an

jetra

k'iwicha

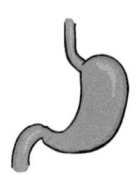

želudac

wisa

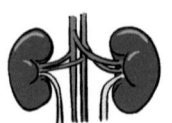

bubreg

wasa ruru

spolni odnos

lluq'anaku

kondom

condon

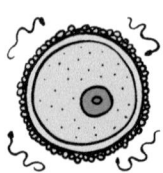

jajna ćelija

ch'uytu

sperma

yuma

trudnoća

wiksayuq kay

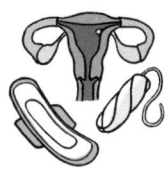

menstruacija
k'ikuy

vagina
rakha

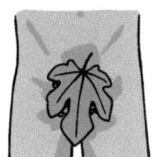

penis
ullu

obrva
qhichira

kosa
chukcha

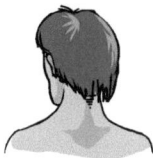

vrat
kunka

bolnica
Jampina wasi

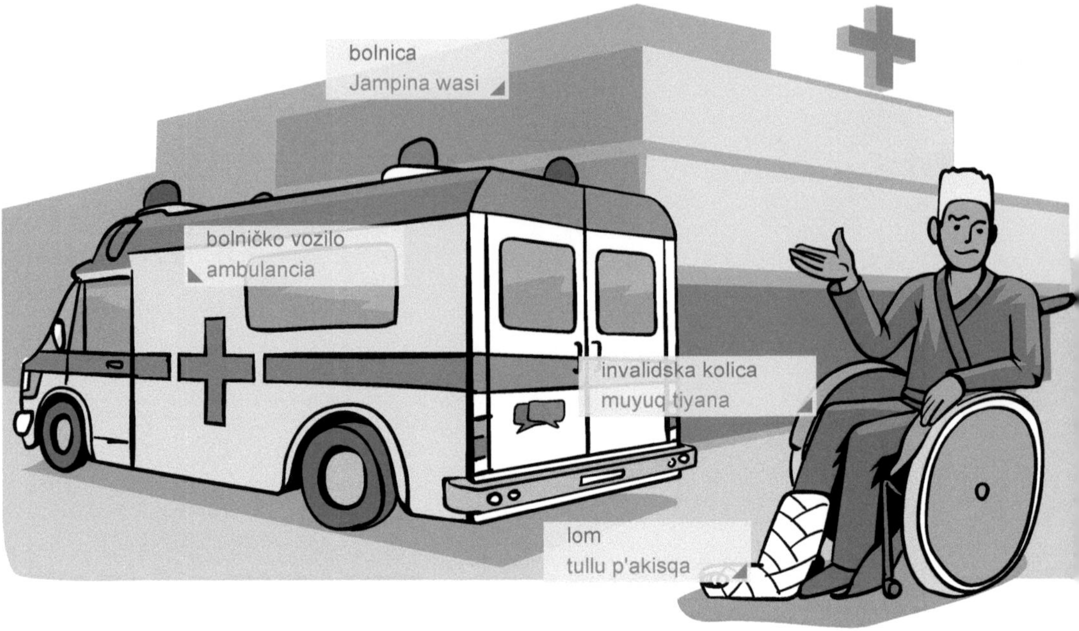

bolnica
Jampina wasi
bolničko vozilo
ambulancia
invalidska kolica
muyuq tiyana
lom
tullu p'akisqa

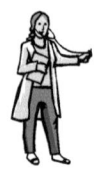

ljekar

jampi kamayuq

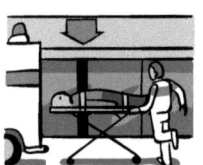

hitna služba

urgencia wasi

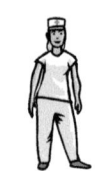

medicinska sestra

jampi yanapaq

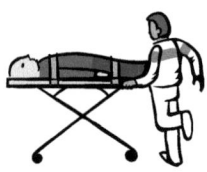

hitna pomoć

urjinsia

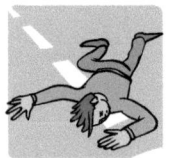

nesvjest

mana yuyayniyuqchu

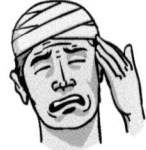

bol

nanay

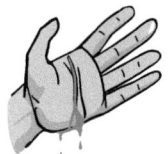

povreda

ñuti

krvarenje

sirk'ay

srčani udar, infarkt

infarto

moždani udar

wayra

alergija

millachikuq

kašalj

ch'uju

groznica

k'aja unquy

gripa

p'urqi

proljev

q'icha

glavobolja

uma nanay

rak

isqu unquy

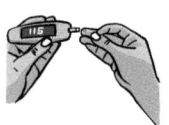

dijabetes

diyawitis

hirurg

jampi kamayuq

skalpel

bisturi

operacija

upirasiun

CT
....
TAC

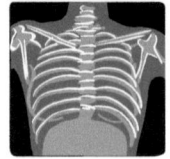

rendgen
....
tullurikuchi

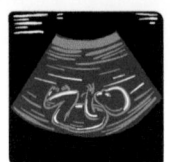

ultrazvuk
....
ultrasunidu

maska
....
jark'ana

bolest
....
unquy

čekaonica
....
suyanapaq k'illi wanlla

štake
....
tawna

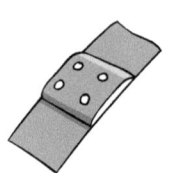

flaster
....
tinta

zavoj
....
manku

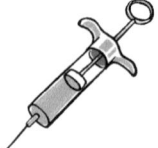

injekcija
....
inyiksiun

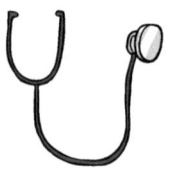

stetoskop
....
istituskupiu

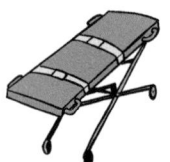

nosilo
....
kallapu

termometar
....
llaphi tupuna tupu

porod
....
paqarisqa

prekomjerna težina, debljina
....
wirachasqa

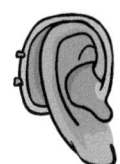

slušni aparat

audifono

sredstvo za dezinfekciju

disinjiktanti

infekcija

q'iyacha

virus

miyu

HIV/ AIDS

VIH / SIDA

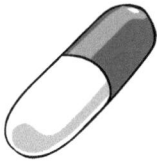

medicina

jampi

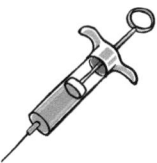

vakcinacija

wakuna

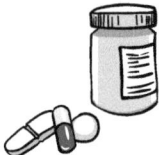

tablete

tawlitakuna

pilula

pastilla

hitni poziv

usqay waqyana

aparat za mjerenje pritiska

tinsiumitru

bolestan / zdrav

unqusqa / qhali

Upomoć! ¡Yaw!	 alarm alarma	 napad, prepad manchay
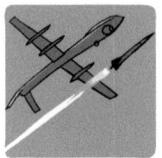 napad waykha	 opasnost chhiki	 izlaz u slučaju opasnosti punku utqay lluqsinapaq
Požar! ¡Nina!	 vatrogasni aparat nina wañichiq	 nezgoda ñak'ariy
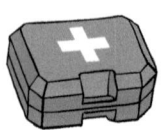 torba prve pomoći botiquin de primeros auxilios	 SOS SOS	 policija pulisiya

Europa

Iwrupa

Sjeverna Amerika

Chincha Amerika

Južna Amerika

Qulla Amerika

Afrika

Ajurika

Azija

Asia

Australija

Awstralia

Atlantik

Atlantiku

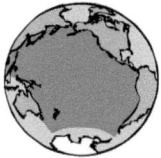

Pacifik

Pasijiku

Indijski okean

Indiku mama qucha pacha

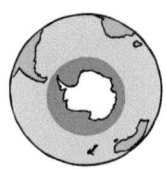

Antarktički okean

Antartiku mama qucha pacha

Arktički okean

Artiku mama qucha pacha

Sjeverni pol

chincha pulu

Južni pol
....
qulla pulu

Antarktik
....
Antartida

Zemlja
....
Pacha

zemlja
....
jallp'a

more
....
mama qucha

ostrvo
....
tara

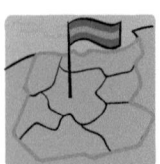

nacija
....
llaqta

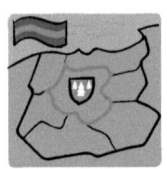

država
....
Suyu

brojčanik sata

muruq'u

kazaljka sata

phani tuqsiq

kazaljka minute

chininiq

kazaljka sekunde

ch'ipu yupaq

Koliko je sati?

¿Ima phanitaq?

dan

p'unchaw

vrijeme

pacha

sada

kunan

digitalni sat

dijital inti watana

minuta

chinini

sat

phani

ponedjeljak
killachaw

srijeda
quyllurchaw

petak
ch'askachaw

utorak
atichaw

subota
k'uychichaw

četvrtak
illpachaw

nedjelja
intichaw

juče	danas	sutra
qayna	kunan	p'unchaw

jutro	podne	veče
p'unchaw	chawpi p'unchaw	sukha

radni dani	vikend
llamk'ana p'unchawkuna	tukuq qanchischawnin

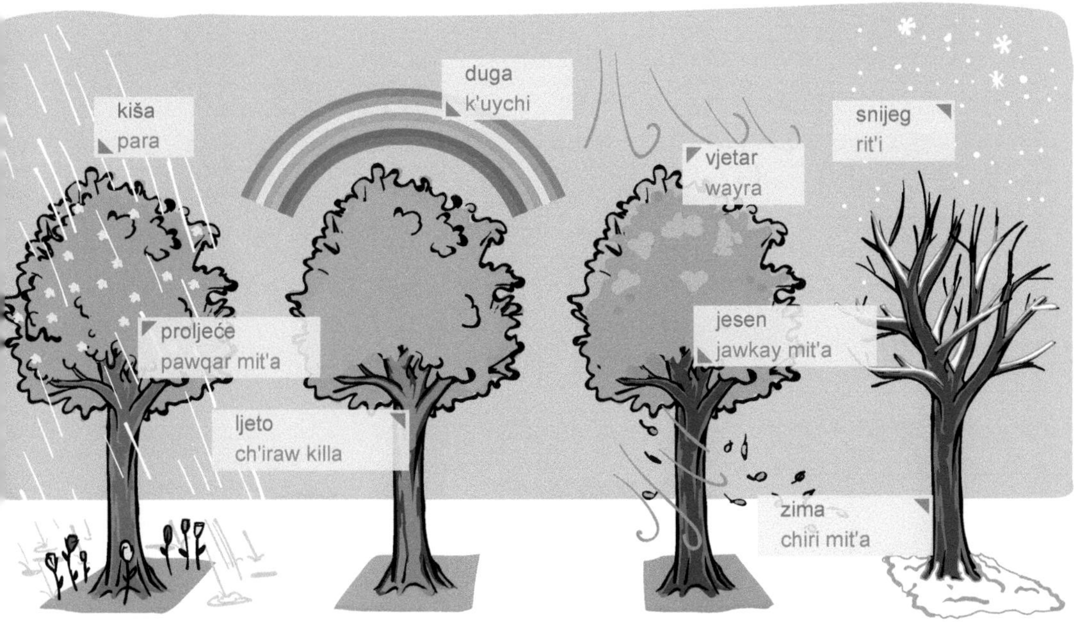

kiša
► para

duga
► k'uychi

snijeg
rit'i

vjetar
wayra

proljeće
pawqar mit'a

jesen
jawkay mit'a

ljeto
ch'iraw killa

zima
chiri mit'a

4.APRIL	11°	☀
5.APRIL	4°	🌧
6.APRIL	13°	🌧
7.APRIL	8°	❄
8.APRIL	10°	❄

prognoza vremena

inti raki

termometar

tirmumitru

sunčev sjaj

inti

oblak

phuyu

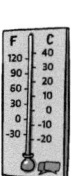

magla

phuyu

vlažnost vazduha

juq'u

munja

illapa

grom

illapa

oluja

tamya

tuča, led

chikchi

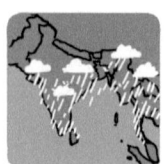

monsun

muyuq wayra

poplava

lluqlla

led

chullunka

januar

qhaqmiy killa

februar

jatunpuquy killa

mart

pachapuquy killa

april

ariwaki killa

maj

aymuray killa

juni

jawkaykuskuy killa

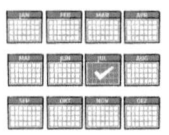

juli

chakrakunakuy killa

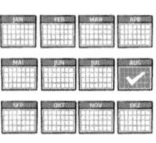

avgust

chakraypuy killa

septembar
tarpuy killa

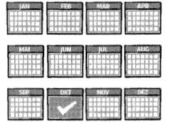

oktobar
pawqarwara killa

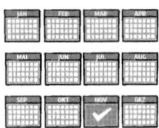

novembar
ayamarq'ay killa

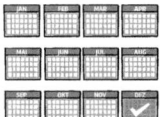

decembar
qhapaq inti raymi killa

krug
muyu yupa

kvadrat
tawak'uchu yupa

pravougao
sayt'u yupa

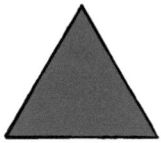

trougao
kimsa k'uchu yupa

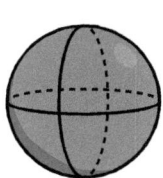

kugla
muruq'u

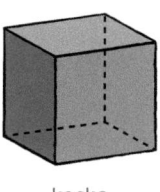

kocka
yupa wayru

boje
llimp'ikuna

bjel
....
yurak

žut
....
q'illu

narandžast
....
willapi

pink
....
panti

crven
....
puka

ljubičast
....
kulli

plav
....
anqas

zelen
....
q'umir

smeđ
....
ch'umpi

siv
....
uqi

crn
....
yana

malo / mnogo

achkha / pisi

ljutit / miran

phiña / qhasi

lijep / ružan

k'acha / millay

početak / kraj

qallariy / tukuy

veliki / mali

jatun / juch'uy

svijetlo / tamno

sut'i / tuta

brat / sestra

wawqi / pana

čist / prljav

llimphu / ch'ichi

potpun / nepotpun

junt'asqa / mana junt'asqa

dan / noć

p'unchaw / tuta

mrtav / živ

wañusqa / kawsaq

široko / usko

chhuqu / k'ichki

ukusno / neukusno

mikhunapaq / mana
mikhunapaqchu

zao / prijatan

sakra / k'acha

uzbuđen / dosadan

kusisqa / majisqa

debeo / mršav

rakhu / tullu

najprije / najkasnije

ñawpaq / qhipa

prijatelj / neprijatelj

masi / awqa

pun / prazan

junt'a / ch'in

trvd / mekan

k'urki / llamp'u

težak / lagan

llasa / chhalla

glad / žeđ

yarqhay / ch'akiy

bolestan / zdrav

unqusqa / qhali

ilegalan / legalan

chanin / mana chanin

inteligentan / glup

yuyaysapa / upa

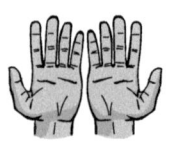

lijevo / desno

lluq'i / paña

blizu / daleko

qaylla / karu

nov / polovan
musuq / mawk'a

ništa / nešto
ch'usaq / imapis

star / mlad
machu / wayna

uključeno / isključeno
jap'isqa / wanchisqa

otvoreno / zatvoreno
kichasqa / wisq'asqa

tiho / glasno
ch'in / ch'aqwa

bogat / siromašan
qhapaq / wakcha

tačno / pogrešno
chiqan / mana chiqan

hrapav / glatak
qhachqa / llamp'u

tužan / srećan
llakisqa / kusi

kratak / dug
k'aka / karu

spor / brz
jayra / utqay

mokro / suho
juq'u / ch'aki

toplo / hladno
rupha / chiri

rat / mir
awqay / sunqu tiyakuy

0

nula

ch'usak

1

jedan

uk

2

dva

iskay

3

tri

kimsa

4

četiri

tawa

5

pet

phichqa

6

šest

suqta

7

sedam

qanchis

8

osam

pusaq

9

devet

jisq'un

10

deset

chunka

11

jedanaest

chunka ukniyuq

12

dvanaest

chunka iskayniyuq

13

trinaest

chunka kimsayuq

14

četrnaest

chunka tawayuq

15

petnaest

chunka phichkayuq

16

šesnaest

chunka suqtayuq

17

sedamnaest

chunka qanchisniyuq

18

osamnaest

chunka pusaqniyuq

19

devetnaest

chunka jsq'unniyuq

20

dvadeset

iskay chunka

100

sto

pacha

1.000

hiljada

waranqa

1.000.000

milion

junu

engleski

inklis simi

američki engleski

amerikanu inklis simi

kinesko mandarinski

mandarin chinu simi

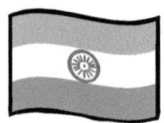

hindi

jindi simi

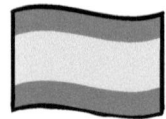

španski

castilla simi

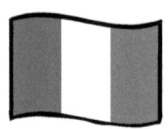

francuski

fransis simi

arapski

arabia simi

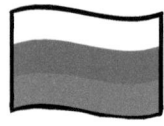

ruski

rusia simi

portugalski

purtugal simi

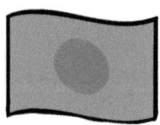

bengalski

bingali simi

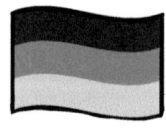

njemački

alimania simi

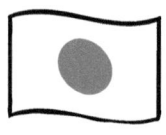

japanski

japun simi

ja

ñuqa

ti

qam

on / ona / ono

pay / pay / chay

mi

ñuqanchik

vi

qamkuna

oni

paykuna

ko?

¿pitaq?

šta?

¿imataq?

kako?

¿imaynataq?

gdje?

¿maypitaq?

kada?

¿mayk'aq?

ime

suti

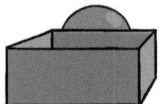

iza

qhipa

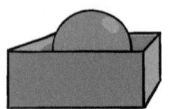

u

pi

pred

ñawpaq

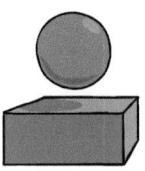

iznad

pantanpi

na

pata

ispod

uranpi

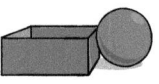

pored

kuska

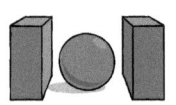

između

chawpi

mjesto

chiqan